Made in the USA
Monee, IL
18 December 2021

86250646R10066